**Libro de lectura
Reading Book**

El último mohicano
para estudiantes de español

The Last of the Mohicans
for Spanish learners
Level A2
Beginners

El ultimo mohicano

The Last of the Mohicans

James Fenimore Cooper (1826)

Edited by / Editado por: Read It!

Adapted by / Adaptado por: J. A. Bravo

Cover design / Diseño de portada: Read It!

Contact/ Contacto: readitspanish@gmail.com

2014 all rights reserved.

ISBN-13: 978-1502551221

ISBN-10: 1502551225

1

Dos hermanas

ra el año 1757. El lugar era la tierra peligrosa y salvaje, al oeste del río Hudson. Era el tercer año de guerra en América del Norte entre Inglaterra y Francia. Cada país quería esa tierra por sí misma.

Las tribus indias siempre habían vivido en esa tierra. En la guerra, algunas tribus luchaban por los franceses. Otras tribus luchaban por los ingleses.

Fort Edward estaba en el río Hudson. El General Webb era el comandante del ejército Inglés en Fort Edward. Estaba esperando noticias del general Montcalm. Montcalm era el comandante del ejército francés.

La noticia llegó una mañana. Un indio hurón llamado Magua la trajo.

— El general Montcalm y el ejército francés están marchando hacia Fort William Henry — dijo Magua al general Webb.

Fort William Henry estaba a quince kilómetros de distancia en el extremo sur del lago Horican.

— ¿Cuántos hombres tiene Montcalm? — preguntó Webb.

—Tantos como las hojas de los árboles — dijo Magua—. El general Munro necesita más soldados en Fort William Henry.

—Les enviaré mil quinientos hombres—dijo el general Webb.

El general Munro era el comandante del ejército inglés en Fort William Henry. Tenía dos hijas, Cora y Alice. Cora tenía veintitrés años y Alice tenía dieciocho. Cora tenía el pelo oscuro y un rostro hermoso, Alice tenía el pelo rubio y los ojos azules.

Las dos hermanas estaban en Fort Edward. Pero iban a viajar a Fort William Henry. Iban a encontrarse con su padre.

El General Webb habló con Cora y Alice.

— Magua conoce un camino secreto a través del bosque — dijo el general Webb —. Él será vuestro guía. Magua y el mayor Duncan Heyward les llevarán a Fort William Henry.

El mayor Duncan Heyward era un joven oficial inglés. Él y las dos jóvenes dejaron Fort Edward por la mañana. Magua caminaba delante de ellos. A Alice no le gustaba Magua.

— ¿Qué piensas? ¿Estaremos a salvo en el bosque con Magua? — preguntó Alice a Cora.

— Debemos confiar en él — dijo Cora.

— Los franceses vigilan todos los caminos — dijo Duncan—. Pero el camino de Magua es secreto. Duncan sonrió a Alice y ella le devolvió la sonrisa, Duncan Heyward estaba enamorado de Alice.

— Magua es un hurón, — dijo Duncan—. Pero vivió con los Mohawk. Los Mohawks son amigos de los ingleses. Magua vino a nosotros. Vuestro padre…—. Duncan se detuvo—. No recuerdo toda la historia.

Duncan lo sabía todo. Pero no se lo dijo a Cora y Alice. Él no les dijo que hace unos años, los hombres del padre de las dos chicas golpearon a Magua. Magua odia al general Munro. Duncan no quería asustar a las dos jóvenes.

Así que siguieron Magua a través del bosque.

2

Perdidos en el bosque

A pocos kilómetros al oeste de Fort Edward, tres hombres estaban sentados cerca de un río. Dos de los hombres eran indios. El tercero era un hombre blanco.

Chingachgook y su hijo Uncas, eran mohicanos. El hombre blanco era un explorador llamado Hawkeye. Hawkeye tenía un largo rifle de caza, era conocido como "La Longue Carabine" por los franceses.

Los tres hombres estaban hablando.

—Mi tribu es la tribu indígena más antigua, —dijo Chingachgook—. La sangre de los jefes mohicanos está en mí. Hace muchos veranos, mi tribu vino aquí a la tierra de los delaware.

— ¿Dónde están los mohicanos ahora? — preguntó Hawkeye.

— ¿Dónde están las flores de esos veranos? — Dijo Chingachgook—. Se han ido. Todos muertos. Después de mi muerte, Uncas será el último de los mohicanos.

De repente, se oyó un ruido. Se volvieron rápidamente. Hawkeye levantó el rifle.

— ¿Quién es? — dijo.

Duncan Heyward cabalgaba por el bosque. Cora y Alice le seguían.

—Soy oficial inglés — dijo Duncan—.Venimos desde Fort Edward. ¿Está muy lejos Fort William Henry?

Hawkeye se echo a reír.

— ¿Fort William Henry? Van ustedes por el camino equivocado —dijo—. Están ustedes muy está cerca de las cataratas Glenn.

— ¡El camino equivocado! — Dijo Duncan—. Entonces estamos perdidos. Pero nuestro guía indio nos trae por aquí.

— ¿Ustedes tiene un guía indio, pero se pierden en el bosque? — Dijo Hawkeye—. Eso es muy extraño. ¿Es un delaware?

— Se llama Magua. Es un hurón — dijo Duncan—. Pero vive con los mohawk y es una guía de los ingleses.

— ¡Un hurón! — dijo Hawkeye rápidamente —. Usted puede confiar en un mohicano o en un delaware. ¡Pero no se puede confiar en un hurón! Su guía les llevará con los franceses. Ellos les matarán.

Magua estaba escondido detrás del caballo de Cora. Hawkeye lo vio. Luego se fue y habló con Chingachgook y Uncas.

Magua se movió rápidamente. Corrió hacia el bosque. Hawkeye, Chingachgook y Uncas corrieron tras él. Pero Magua escapó.

— ¿Qué podemos hacer ahora? — Pensó Duncan—. Estamos perdidos.

—¿Nos llevarás a Fort William Henry? —dijo Duncan mirando a Hawkeye —. Le daremos dinero.

Hawkeye miró a Cora y Alice.

— Te vamos a llevar — dijo a Duncan—. El dinero no es importante. Nosotros no os dejaremos aquí. Magua y sus amigos hurones os encontrarán. ¡Vámonos!

Duncan y Hawkeye hablaron con Cora y Alice. Las hermanas se bajaron de sus caballos. Los mohicanos tomaron a los animales.

—Ellos esconderán los caballos hasta la mañana — dijo Hawkeye, y sacó una canoa que estabas escondida entre la hierba en el lado del río —. Subid a la canoa, — dijo—vamos a ir a una cueva y nos quedaremos allí esta noche.

Duncan, Cora y Alice subieron a la canoa. Hawkeye empujó la canoa a la mitad del río. Luego subió a la canoa. Empezó a remar por el río. Pronto se oyó el sonido de una gran cascada cerca de ellos.

—Son las cataratas Glenn— dijo Hawkeye.

Unos minutos más tarde, vieron la cascada. En otra canoa se acercaban Chingachgook y Uncas. El explorador llevó a todos a una cueva detrás de la cascada. La cueva era profunda, estrecha y oscura. Hawkeye inmediatamente hizo fuego.

Alice miró al joven mohicano, Uncas.

— Tenemos suerte hermana, unos hombres fuertes nos están cuidando —dijo en voz baja a su hermana—.Vamos a estar a salvo esta noche.

3

La lucha en las cataratas Glenn

Hawkeye despertó a Duncan temprano a la mañana siguiente. —Tenemos que irnos — dijo—. Voy a buscar la canoa. Despierta a la señorita Cora y la señorita Alice. Pero no hagas ruido.

Duncan fue al fondo de la cueva.

—Cora, Alice — dijo en voz baja—. Despierten.

De repente se oyeron gritos fuera de la cueva. Duncan corrió hacia la entrada de la cueva. El sonido de las armas provenía del bosque. Había muchos indios al otro lado del río.

— ¡Hurones! — dijo Duncan.

Luego Duncan vio a Hawkeye. El explorador estaba disparando desde una roca plana. Duncan vio a un hurón cayendo al agua. Luego, vio a otros hurones corriendo hacia el bosque.

Hawkeye volvió a entrar en la cueva.

— Se han ido —dijo.

— ¿Van a volver? — preguntó Duncan.

—Sí, van a volver —respondió Hawkeye—. La señorita Cora y la señorita Alice deben quedarse aquí en la cueva. Vamos a ir a las rocas y esperar a los hurones.

Duncan, Hawkeye, Uncas y Chingachgook tomaron sus armas. Se sentaron detrás de unas rocas cerca de la cascada. Esperaron. Pasaron los minutos. Luego pasó una hora.

De repente oyeron los gritos salvajes de los hurones de nuevo. Cuatro indios corrían por la roca plana hacia la cueva. Chingachgook y Uncas dispararon sus armas de fuego. Los primeros dos hurones cayeron al suelo. El tercer hurón saltó sobre Hawkeye. Cada hombre tenía un cuchillo. Pero Hawkeye era más fuerte que el hurón. Mató al hurón con su cuchillo.

El cuarto hurón luchó con Duncan. Uncas corrió a ayudar al oficial. El joven mohicano mató al hurón. Entonces Uncas y Duncan corrieron de nuevo hacia las rocas.

Los hurones, empezaron a disparar de nuevo desde el otro lado del río. Chingachgook les disparó también.

El tiroteo siguió y siguió. Las rocas y los árboles cerca de la cueva estaban llenos de hurones. Pero Hawkeye y sus amigos no sufrieron heridas. Cora y Alice estaban a salvo en el fondo de la cueva.

Hawkeye vio un hurón en un árbol al otro lado del río. El explorador levantó su arma larga y disparó. Se oyó un grito y el indio cayó del árbol.

—No tengo más balas —dijo Hawkeye—. ¡Uncas en la canoa! Hay algunas balas en la canoa.

Uncas corrió rápidamente a través de la roca plana. Pero era demasiado tarde. ¡Un hurón estaba empujando la canoa a hacia el interior del río!

Duncan, Hawkeye y los dos mohicanos regresaron a la cueva.

— ¿Qué podemos hacer ahora?— preguntó Duncan.

Hawkeye pensó por unos minutos. —Habrá hurones en los caminos—dijo—.Los hurones estarán en cada ruta. Debemos nadar. Debemos saltar al río. El torrente de agua nos llevará más allá de los hurones.

El explorador miró a Cora y Alice.

— Nosotras no podemos saltar al río no sabemos nadar — dijo Cora—. Alice y yo nos quedaremos aquí. Vayan a buscar a mi padre el general Munro en Fort William Henry. Díganle a mi padre que envíe soldados.

Chingachgook, Uncas y Hawkeye hablaban en voz baja entre sí. Entonces Chingachgook salió corriendo de la cueva y se tiró al río. Un momento después, Hawkeye dejó su arma larga y siguió a Chingachgook. El torrente de agua se los llevó.

Cora miró a Uncas.

— Ve con ellos, — dijo.

— Me quedaré — dijo el joven mohicano.

— ¡No! — Dijo Cora—. Por favor, Uncas. ¡Ve con ellos! — Uncas no quería irse. Pero se lanzó al agua también.

Cora miró a Duncan.

— Me voy a quedar — dijo Duncan. Miró a Alice—. No te puedo dejar.

Hubo gritos de los hurones desde la roca plana. Duncan miró desde la entrada de la cueva. Los hurones estaban buscándolos detrás de las rocas cerca de la cascada.

— Nos están buscando — pensó Duncan. Y rápidamente volvió a la cueva.

— Nuestros amigos van a traer ayuda pronto, — le dijo a Cora y Alice.

Cora tenía miedo. Su rostro estaba blanco. Ella gritó. Duncan se volvió y vio la terrible cara de Magua.

— ¿Dónde están los mohicanos?— preguntó Magua —. ¿Dónde está el explorador, Hawkeye? ¿Dónde está La Longue Carabine?

De repente, la cueva estaba llena de hurones. Uno de ellos cogió el arma de Hawkeye.

—Se han ido — dijo Duncan—.Ellos traerán ayuda pronto.

Los hurones se enfadaron. Iban a matarlos. Pero Magua les habló, silenciosamente. Entonces los hurones llevaron a Duncan, Cora y Alice a la roca plana. Uno de los hurones trajo una canoa.

— ¡Meteos en la canoa!— Dijo Magua. Duncan y las hermanas subieron a la canoa. Magua y los hurones les llevaron al otro lado del río.

Los cautivos salieron de la canoa al otro lado del río. Magua y cinco hurones se quedaron con ellos. Los otros hurones se metieron en el bosque.

4

Soy un jefe hurón

Los hurones y los prisioneros comenzaron a caminar. Magua caminaba delante de Duncan, Cora y Alice. Los otros hurones caminaban detrás.

Caminaban por un valle. Entonces Magua les llevó hasta una colina empinada. La tierra en la parte superior de la colina era plana. Magua se sentó debajo de un árbol. Los hurones empezaron a comer y beber.

Magua gritó a Duncan:

— ¡Envíame a la mujer de cabello oscuro!

Cora tenía miedo pero fue con Magua.

— ¿Qué quieres? — preguntó Cora.

—Yo soy un jefe hurón — dijo Magua. En veinte veranos y veinte inviernos no he conocido a ningún hombre blanco. ¡Yo era feliz! Entonces el hombre blanco llegó a nuestra tierra. Nos dio bebida, la bebida es mala para mi pueblo y para mí. Me volví loco, tuve que dejar a mi gente. Tuve que ir lejos, me escapé y viví con los mohawk. Entonces comenzó la guerra. Los franceses y los ingleses se peleaban entre sí. Los mohawks están luchando por los ingleses y los hurones están luchando por los franceses. Yo he vuelto a luchar con mi propia gente. Tu padre el general Munro fue nuestro jefe. Les prohibió a los mohawks, beber coñac, pero un hombre blanco me dio brandy y Munro lo encontró. Dio órdenes a sus hombres. ¡Me ataron con cuerdas y me golpearon! ¡Nunca lo olvidaré!

—Pero— dijo Cora.

— ¡Mujer! — gritó Magua. Se puso de pie rápidamente—. ¡Vas a ser mi esposa! Tu hermana irá a Fort William Henry. Ella debe contarle todo a tu padre. Entonces Munro sabrá que su hija es la esposa de Magua.

— ¡Nunca!— dijo Cora. No seré tu mujer.

— Entonces vas a morir — dijo Magua —.Y tus amigos morirán también. Vuelve con tu hermana.

Cora volvió con Duncan y Alice

— ¿Cora qué te ha dicho Magua? — Preguntó Duncan.

—Nada importante— dijo Cora.

Magua hablaba con los hurones. Duncan los miraba. Ellos estaban muy enfadados. De repente, Magua gritó a los hurones. Sacaron a Duncan y las mujeres hacia los árboles y ataron cada prisionero a un árbol con una cuerda. Magua se paró frente a Cora. Él se echó a reír.

— ¿Qué hará la hija de Munro ahora? —dijo. ¿Envío a tu hermana con tu padre? ¿Me seguirás a los Grandes Lagos a vivir conmigo como mi mujer?

Cora miró a su hermana.

—Alice— dijo Cora. — Tengo que ir con Magua y ser su esposa.

— ¡No!— gritó Duncan — ¡Nunca!

— ¡No, no, no!— gritó Alice.

— ¡Entonces moriréis!— gritó Magua.

Magua tiró el cuchillo a Alice. El cuchillo cortó un poco de su cabello. Se clavó en el árbol por encima de su cabeza. Duncan gritó furioso.

Los hurones habían atado a Duncan a un árbol. Pero rompió la cuerda. Saltó sobre un hurón y lucharon. El hurón tenía un cuchillo. Iba a matar a Duncan. De repente, un arma se disparó y el hurón cayó muerto al suelo.

5

Fort William Henry

Hawkeye salió del bosque. Chingachgook y Uncas le seguían. Hubo una pelea. Hawkeye, Uncas y Duncan mataron a cuatro hurones. Chingachgook saltó sobre Magua. El mohicano apuñaló Magua con su cuchillo. Magua cayó al suelo.

Hawkeye y Duncan fueron y ayudaron a las dos mujeres. Pero Magua no estaba muerto. Se levantó y salió corriendo. Chingachgook y Uncas corrieron tras él.

— ¡Parad! —gritó Hawkeye—. No se le puede atrapar.

— ¿Hawkeye, cómo nos encontraste? — Preguntó Duncan.

—Esperamos al otro lado del río — dijo Hawkeye—. Vimos a los hurones llevaros a través del río y los seguimos.

— Usted me salvó la vida — dijo Duncan.

Hawkeye sonrió.

—Encontré mi rifle — dijo—. Los hurones son estúpidos. Dejaron todas las armas bajo los árboles. Ahora tenemos armas y balas. Vamos a pasar la noche aquí. Mañana iremos a Fort William Henry.

Muy temprano a la mañana siguiente, Hawkeye despertó sus amigos. Los condujo a través del valle y a lo largo de un camino a través del bosque. Se detuvieron cerca de un pequeño río.

— Vamos a caminar por el rio — dijo Hawkeye—. Magua no verá nuestras huellas en el suelo.

Caminaron por el río durante una hora. Luego llegaron a una montaña.

— ¡Caminad en silencio ahora! — Dijo Hawkeye—. Hay soldados franceses por aquí.

Caminaron hasta la cima de una montaña y miraron hacia abajo. Desde allí se veía el lago Horican y más allá Fort William Henry. Había columnas de humo subiendo hacia el cielo. El humo provenía de incendios en el bosque.

—Mira los incendios — dijo Hawkeye—. Hay muchos hurones en el bosque. Están luchando con los franceses.

—Y mira hacia el oeste — dijo Duncan—. Mira esas tiendas. Ese es el campamento del general Montcalm. Hay miles de soldados franceses.

De repente se oyó el sonido de cañones.

—Los franceses están disparando contra el fuerte — dijo Duncan—. Pero tenemos que entrar en la fortaleza.

— Tenemos suerte— dijo Hawkeye—. Una espesa niebla está llegando desde el valle. La niebla nos esconderá de los franceses. ¡Seguidme!

Hawkeye y los mohicanos comenzaron a caminar por la montaña. Duncan y las dos hermanas les siguieron. En la parte inferior de la montaña, la niebla era muy espesa.

— ¡Tened cuidado!— dijo Hawkeye—. Hay muchos soldados franceses a lo largo de este camino. ¡Caminad en silencio!

Ellos lo siguieron a través de la niebla. De repente, oyeron voces.

— ¿Quién está ahí? —dijo un soldado francés.

— ¡Un amigo de Francia! — respondió Duncan en francés.

— ¿Quién eres? —gritó el francés.

Pero Duncan y sus amigos se alejaron rápidamente. Pasaron a través de la niebla. Por fin, llegaron a los muros de la fortaleza.

—Los franceses están aquí. ¡Dispara! ¡Dispara! —Una voz gritó en inglés desde la parte superior de la muralla.

— ¡Padre, Padre! — Alice gritó—. ¡Somos nosotras!

— ¡No disparen!— dijo la voz del general Munro—. ¡Son mis hijas! ¡Abran las puertas!

Las puertas se abrieron. Los soldados salieron de la fortaleza. Llevaron a todos dentro, Duncan, las mujeres, Hawkeye y los mohicanos.

Pero todo el mundo en Fort William Henry estaba en peligro.

6

¿Cuando vendrá la ayuda?

asaron los días. El ejército francés disparaba sus cañones contra Fort William Henry. Muchos soldados ingleses murieron.

El general Munro esperaba, pero el general Webb no enviaba a ningún soldado. Munro envió Hawkeye a Fort Edward con un mensaje.

El general Webb dio Hawkeye una carta para Munro. El explorador iba de regreso a Fort William Henry. Pero los soldados franceses le dieron el alto. Tomaron la carta. Y tomaron a Hawkeye como prisionero.

A la mañana siguiente, Duncan Heyward estaba junto a las puertas de Fort William Henry. Él vio a tres hombres que venía hacia el fuerte. Se dirigió al general Munro:

—General Munro —dijo—. Dos soldados franceses están a las puertas de la fortaleza. Hawkeye está con ellos. ¿Pero cuando vendrá la ayuda de Fort Edward?

Hawkeye entró en la habitación del general Munro.

—El general Webb me dio una carta para usted —dijo Hawkeye—. Pero los soldados franceses me atraparon. El general Montcalm quiere hablar con usted. Usted debe ir a su campamento.

Un oficial francés se reunió con Munro y Duncan en las puertas de la fortaleza. Fueron a la tienda del general Montcalm en el campamento francés.

Había oficiales franceses y jefes indios en la tienda. Luego Duncan vio Magua. ¡Magua estaba luchando con los franceses! El hurón miró a Duncan y sonrió.

El general Montcalm habló el primero.

— Has luchado bien, general —dijo—. Pero ahora debes dejar de luchar.

Montcalm dio una carta a Munro. Munro leyó rápidamente. Entonces él se la dio a Duncan. La carta era de general Webb.

... no podemos enviar más hombres. Los indios han matado a casi todos mis soldados...

Munro miró a Duncan. No hablaron. Entonces el general Montcalm habló a Munro.

— Tú y tus soldados tenéis que dejar Fort William Henry —dijo—. Ustedes pueden llevarse sus armas. Pero no sus municiones. Sus hombres, mujeres y niños estarán a salvo. Pero cuando abandonen el fuerte vamos a quemarlo.

El general de Munro estaba triste. —Vamos a salir por la mañana — dijo —. Después, él y Duncan regresaron a la fortaleza.

Magua se enojó. Él habló a los jefes hurón. Los ingleses dejarán el fuerte. Los franceses no los matarán. Pero los ingleses son los enemigos de los hurones. ¡Vamos a atacar a los ingleses!

Tres mil ingleses; soldados, mujeres y niños salieron de la fortaleza por la mañana. Pasaron por delante de los soldados franceses y caminaron hacia el bosque. Los soldados ingleses llevaban sus armas. Pero no tenían municiones.

Magua y los hurones esperando en el bosque. Observaron Fort William Henry. Los ingleses salían de la fortaleza y entraban en el bosque. ¡Luego de dos mil indios atacaron!

Los ingleses no podían luchar. No tenían balas en sus armas. Muchos ingleses fueron asesinados.

Alice y Cora vieron a su padre. Estaba corriendo hacia el campo francés. Iba a buscar Montcalm. Iba a pedirle ayuda.

— ¡Padre! ¡Padre! — Gritó Alice—. ¡Estamos aquí!

Pero Munro no las oyó. No se detuvo.

Magua estaba observando y corrió hacia Cora.
— ¿Quieres venir conmigo ahora? — dijo.

— ¡Nunca! —dijo Cora. — No voy a ser tu mujer.

El hurón miró. Pero no habló. Luego se volvió hacia Alice. La tomo por los brazos y la arrastró hasta su caballo.

— ¡Para! —Gritó Cora—. Y corrió tras ellos.

Magua subió a Alice al caballo. Luego puso a Cora en el caballo también. El hurón se las llevaba hacia el lago Horican.

7

El rastro

Tres días habían pasado. Fort William Henry había sido incendiado. Los soldados franceses se habían ido. Los indios se habían ido.
Los cuerpos de muchos de los soldados ingleses, las mujeres y los niños estaban tirados por el suelo.

Por la noche, cinco hombres caminaban por el bosque. Munro, Duncan, Hawkeye, Chingachgook y Uncas, buscaban a Cora y Alice. Encontraron los cadáveres de muchos ingleses. Los cinco hombres estaban tristes y enfadados.

De repente, Uncas gritó a los otros:

— ¡Mirad!

Tenía un pequeño trozo de tela en la mano.

— ¡Eso es un pedazo de un vestido de Cora! — dijo Munro.

Uncas encontró huellas en el suelo, cerca de un árbol.

—Tres personas y un caballo han estado aquí — dijo.

Entonces Chingachgook encontró el collar de Alice. Y encontró otro pedazo del vestido de Cora.

Duncan tomó el collar y sonrió. —Alice está viva— dijo.

—La señorita Cora ha dejado un rastro — dijo Hawkeye—. Ella ha dejado pedazos de su vestido. Podemos seguir esta ruta. Pero hay que ir tranquilamente. Magua está con ellas.

—Pero es tarde —dijo Hawkeye—. Vamos a comer algo. Vamos a dormir aquí esta noche. Mañana seguiremos el rastro de la señorita Cora.

Muy temprano a la mañana siguiente, Hawkeye despertó a los oficiales ingleses y a los mohicanos.

Los cinco hombres siguieron el rastro de Cora. Magua las llevaba al lago Horican. Uncas y Chingachgook encontraron una canoa entre la hierba cerca del lago. Los cinco hombres subieron a la canoa. Los mohicanos remaron a lo largo del lago.

Después de media hora. Uncas habló en voz baja.

— Humo— dijo. Estaba mirando a una pequeña isla en frente de ellos.

— Es el humo de un campamento — dijo Hawkeye —. Y hay dos canoas.

De repente, algunos hurones salieron de entre los árboles de la isla. Se metieron en las dos canoas.

—Nos están siguiendo— dijo Duncan—. ¡Rema más rápido!

— ¡No! Deja de remar, Chingachgook — dijo Hawkeye—. Voy a dispararles.

Y él levantó su arma larga. Disparó. Un hurón de la primera canoa cayó al lago. Los hurones se escondieron en las canoas. No siguieron persiguiéndoles.

Chingachgook y Uncas comenzaron a remar de nuevo. Ellos fueron al norte, hasta la orilla del lago.

8

El curandero

Por la noche, los cinco hombres llegaron al extremo norte del lago Horican. Salieron de la canoa y Uncas y Chingachgook la pusieron debajo de unos árboles.

—Hemos perdido el rastro —dijo Duncan—. ¿Dónde vamos ahora?

—Mis amigos los mohicanos conocen el camino hasta el pueblo hurón —dijo Hawkeye—. Esta al norte de aquí, allí es donde va Magua. Vamos a ir hacia el norte también.

Durante dos días, los hombres siguieron el camino. Caminaron muchas millas. Llegaron al pueblo de los hurones al segundo día. Estaba casi anocheciendo. Había un centenar de casas cerca de un pequeño lago.

Hawkeye habló con Chingachgook y Uncas. Luego se dirigió a Duncan y Munro.

— General Munro, quédese con Chingachgook — dijo Hawkeye —. Escóndanse en el bosque. Duncan y yo vamos a entrar en el pueblo. Uncas, sube la colina que hay hacia oeste. Observa la aldea y dinos donde se encuentran los guardias.

Pasó una hora. Los cuatro hombres esperaban. Uncas no regresó.

De pronto Duncan habló:

— Tengo un plan —dijo—. Hawkeye, dame tu abrigo. No debo usar ropa de soldado inglés en el pueblo. Voy a ser un médico, un médico francés. Voy a hablar en francés. Voy a caminar por el pueblo y entrar en las casas. Los hurones no harán daño a un curandero. Voy a encontrar a Alice y a Cora.

Era un plan muy peligroso.

Duncan se puso el abrigo de Hawkeye. Luego caminó hasta el pueblo de los hurones. Había un gran edificio de madera en frente de él. Era la casa de reunión de los jefes hurón. Duncan entró.

Algunos jefes hurón estaban sentados juntos. Vieron a Duncan. Uno de los jefes se levantó. Su cabello era gris y era alto y fuerte. Él habló a Duncan en el idioma hurón. Pero Duncan no entendía nada.

— ¿Habla usted francés? — Preguntó Duncan.

El Huron respondió en francés:

— ¿Por qué estás aquí? — preguntó.

— Soy médico — dijo Duncan—. El rey de Francia me envía. ¿Hay aquí alguien enfermo?

De repente, se oyeron gritos en el bosque. Los jefes abandonaron la casa de reunión. Duncan les siguió. Más hurones se acercaban a la aldea. Traían a un prisionero con las manos atadas. ¡Era Uncas!

9

En el pueblo de los hurones

ncas no tenía miedo. Los hurones corrían a su alrededor y gritaban. A golpes lo metieron en la casa de reuniones. Uncas vio a Duncan vestido con las ropas de Hawkeye.

Duncan caminó por la aldea. Miró en las casas. Nadie lo detuvo. Nadie hizo preguntas. Pero Duncan no encontró ni a Alice y ni a Cora. Al rato regresó a la casa de reuniones y entró. Uncas estaba de pie y los jefes estaban sentados. Duncan se sentó también. Se sentó cerca de la pared. Luego otro hurón entró en el edificio. ¡Era Magua! Magua no vio a Duncan. Pero si vio a Uncas. Gritó:

— ¡Este mohicano debe morir!

Magua estaba muy enfadado. Se volvió hacia los jefes:

— Muchos hurones murieron en las cascadas Glenn —dijo—. ¡Este mohicano es nuestro enemigo!

Magua y dos hurones se llevaron al joven mohicano fuera de la casa de reuniones.

Entonces, uno de los jefes habló con Duncan:

—Hombre medicina, la esposa de uno de mis hombres está enferma. ¿Puedes hacer algo por ella?

— Llévame con la mujer — dijo Duncan.

Siguió al jefe fuera de la casa de reuniones. Ellos se dirigieron hacia una colina. Había una cueva en la colina. Duncan vio a un oso tras ellos. Pero él no tenía miedo. A los indios le gustan los osos. A menudo tenían osos en sus aldeas.

Duncan siguió al jefe a la cueva. La cueva era grande y había muchas habitaciones con paredes de piedra. El jefe llevó a Duncan a una habitación. La enferma estaba tendida en el suelo. Otras mujeres estaban con ella. Duncan miró a la mujer enferma.

—Se está muriendo— pensó.

El jefe hurón esperó y miró a Duncan. Duncan se volvió hacia el jefe hurón.

—Tengo que mirar a esta mujer a solas— dijo—. Mi medicina es secreta. Déjenme solo, esperen fuera.

El jefe y las cuatro mujeres salieron de la cueva.

Unos minutos más tarde, el oso entró en la cueva. El oso dio un fuerte rugido. Duncan miró al oso. El oso rugió de nuevo. Se acercó a Duncan. De repente, se quitó su cabeza ¡Era Hawkeye! ¡Hawkeye llevaba la piel de un oso!

— ¿Qué? — dijo Duncan. Luego se echó a reír —. ¿Por qué llevas la piel de un oso? — preguntó.

— Encontré la piel del oso en la casa de un hurón — dijo Hawkeye —. Ahora los hurones no me van a detener. Pero dígame. ¿Dónde está la señorita Alice?

— He tenido mala suerte. No he encontrado ni a Alice o ni a Cora. Y Uncas está prisionero de los hurones.

— Magua ha llevado a la señorita Cora a la aldea de los delaware — dijo Hawkeye —. Escuché dos hurones hablando de ella. Chingachgook y Munro están seguros en el bosque.

Entonces Hawkeye oyó un ruido. Miró por encima de una pared de piedra.

— ¡La señorita Alice se encuentra en la habitación de al lado! — dijo.

Duncan entró en la habitación. Había algunas mantas, telas y pieles de animales en la habitación. Y allí estaba Alice. Sus manos y pies estaban atados con una cuerda. Su rostro estaba blanco. Tenía miedo.

— Duncan — dijo Alice —. Usted está aquí.

— Sí — dijo Duncan. Y la desató de las manos y los pies.

— ¿Dónde está Cora? — Preguntó Alice —. ¿Dónde está mi padre?

— Tu padre está a salvo. Él está con Chingachgook — dijo Duncan.

— ¿Y Cora? —Preguntó Alice de nuevo—. Ella está cerca de aquí. Está en otro pueblo—dijo Duncan—. Ella está con los delaware.

De repente, alguien entró en la habitación. ¡Era Magua!

10

El oso

Magua miró a Duncan y a Alice. Se echó a reír y se dirigió hacia ellos. De repente, el oso estaba en la habitación. Magua quedo aterrorizado. Magua no podía moverse. No podía darse la vuelta.

Duncan corrió hacia el hurón. Le ató los brazos y luego le ató los pies. Magua empezó a gritar, pero Duncan le puso un trapo en la boca.

Hawkeye se quitó la cabeza del oso.

— Tenemos que irnos rápidamente, —dijo—. Alice, vístete con este manto. Vas a ser la mujer hurón enferma. A continuación, nos iremos del pueblo de los hurones.

Hawkeye se puso en la cabeza del oso de nuevo. Alice se puso una manta sobre su cabeza. Duncan sacó a Alice de la cueva. Y Hawkeye siguió Duncan.

El jefe hurón estaba fuera de la cueva.

—Tengo que llevar a la enferma al bosque — dijo Duncan—. Mañana voy a llevarla a su casa. Mañana estará curada.

Hawkeye, Duncan y Alice salieron de la aldea. Entonces Hawkeye llevó Duncan y Alice a un camino.

—Este camino va a un pequeño río — dijo Hawkeye—. Ustedes verán una colina. El pueblo de los delaware está cerca de esta colina. Ustedes estarán a salvo con los delaware.

— ¿Qué vas a hacer? — preguntó Duncan.

—Tengo que volver a por Uncas— dijo Hawkeye.

Estaba oscuro en la aldea. Los hurones se encontraban en sus casas. Estaban dormidos. Hawkeye buscaba Uncas. El explorador llevaba la piel del oso. Miró en todos los edificios. Entonces vio a dos hombres fuera de una casa. Eran guardias. Pero ellos estaban dormidos. Hawkeye tranquilamente entró en la casa.

Uncas estaba tirado en el suelo. Sus manos y pies estaban atados con una cuerda. Hawkeye se quitó la cabeza del oso. Uncas sonrió.

—Hawkeye— dijo en voz baja.

Hawkeye soltó a Uncas de manos y pies. Luego se quitó la piel del oso. Hawkeye y Uncas salieron rápidamente de la aldea.

—Vamos al poblado de los delaware — dijo Hawkeye.

— ¡Sí! —Dijo Uncas—. Los delaware son los hijos de mi abuelo. Nos ayudarán.

A la mañana siguiente, los hurones fueron a buscar Uncas. Iban a matarlo. Encontraron la piel del oso. Pero no encontraron al mohicano. Luego fueron a la cueva. Encontraron a una mujer muerta. Pero no encontraron a Alice. Encontraron a Magua. Sus manos y pies estaban atados y tenía un paño tapando su boca. Los hurones desataron las manos y los pies de Magua y le quitaron el paño de la boca.

— ¡Hay que matar al prisionero mohicano ahora! —gritó.

—Se ha escapado— dijo uno de los jefes.

Magua gritó con enojo. Y él salió corriendo de la cueva.

11

El viejo jefe

Magua se fue a la aldea de los delaware. Los delaware eran amigos de Francia. Pero ellos no luchaban en la guerra.

Magua fue a la casa de reuniones los delaware. Los jefes de delaware estaban hablando.

—El jefe hurón es bienvenido— dijo un delaware.

— ¿Está mi prisionera bien? — preguntó Magua.

— Ella está bien— dijo el delaware.

— ¿Hay hombres blancos en el bosque? — dijo Magua.

— Hay hombres blancos en el pueblo— dijo el delaware—. Están en mi casa. Pero los extranjeros son siempre bienvenidos en este pueblo.

— ¿Qué dirá el rey de Francia sobre esto? — Dijo Magua—. Su mayor enemigo está aquí con los delaware, en su aldea. Este enemigo es un hombre blanco y ha matado a muchos amigos de los franceses.

— ¿Este Hombre blanco que es enemigo de Francia? —preguntó el jefe de delaware.

— ¡El explorador, Hawkeye! — Dijo Magua—. ¡La Longue Carabine! Los otros extranjeros son sus amigos. Ellos son los enemigos de Francia también.

Los delaware comenzaron a hablar en voz baja. Uno de ellos salió de la casa de reuniones corriendo. Unos minutos más tarde, regresó.

Entonces un hombre muy anciano entró en la casa de reuniones. Dos delaware jóvenes ayudaban al anciano. Tenía el pelo blanco y largo y había muchas arrugas en su rostro. Los jefes dijeron su nombre:

—¡Tamenund!

Magua sabía el nombre de este famoso jefe de delaware. Tamenund tenía más de cien años.

Tamenund se sentó. Luego se dirigió a los dos delaware jóvenes. Se levantaron y se fueron. Pronto, ellos volvieron con Alice, Cora, Duncan y Hawkeye. Cora estaba muy enfadada. Ella habló con los jefes.

— Ayer, fuimos bienvenidos en este pueblo — dijo—. Los delaware eran nuestros amigos. Hoy somos sus prisioneros. ¿Por qué somos prisioneros?

Tamenund no respondió.

— ¿Quién es Hawkeye, La Longue Carabine? — preguntó Tamenund.

Hawkeye se adelantó. —Yo soy Hawkeye — dijo.

Entonces Tamenund habló a Magua.

— Llévate a tu prisionera, la mujer del cabello oscuro ¡Vete!— dijo.

Pero Cora habló con el antiguo jefe.

— Otro hombre vino a este pueblo con nosotros— dijo—. Ahora él es prisionero también. Pero él es uno de los tuyos. Él le contará nuestra historia. Por favor ¡Escúchalo!

Tamenund miró a los jefes. — ¿Quién es este otro prisionero?— preguntó.

—Lucha con los ingleses — dijo Magua rápidamente—. Tienes que matarlo.

— ¡Traedlo aquí!— dijo Tamenund.

Dos hombres salieron de la casa de reuniones. Pronto volvieron con Uncas.

Uncas no llevaba camisa. Sus manos estaban atadas. Se puso de pie delante de Tamenund. El anciano jefe lo miró. Tamenund vio un tatuaje en el pecho Uncas. Era el dibujo de una tortuga. La tortuga era el símbolo de los delaware.

Tamenund miró a Uncas. Luego sonrió al joven mohicano:

—Tu padre es un gran jefe— dijo.

Uncas de repente vio a Hawkeye. — Padre de los delaware— dijo a Tamenund. — Este es mi amigo, Hawkeye. Él es amigo de los delaware.

— ¿La Longue Carabine?—dijo Tamenund. —Él no es amigo de los delaware. Él ha matado a muchos de nuestros jóvenes guerreros.

—He matado a muchos hurones— dijo Hawkeye —. Nunca he matado a un delaware.

Los delaware creyeron las palabras de Hawkeye.

Tamenund miró a Uncas.

— ¿Por qué estás preso del los hurones? — preguntó.

—Ayudé a la mujer inglesa— dijo Uncas.

Tamenund miró a Cora y luego habló a Magua.

— ¿Y por qué la mujer inglesa es tu prisionera?— preguntó.

— ¡Odio a los ingleses! — Dijo Magua—. Ahora la hija de un jefe inglés es mi prisionera. La hija de Munro será mi esposa.

Magua agarró a Cora por su brazo.

— ¡Espera! — gritó Duncan. —No te la lleves. Los ingleses te daremos dinero.

Pero Magua no escuchó. Cogió a Cora del brazo y la llevó hacia la puerta.

—Soy tu prisionera —Dijo Cora—. Pero no me toques. ¡Suéltame!

Se volvió hacia Duncan:

— Por favor, cuida de Alice— dijo y besó a Alice en la cara.

—Voy a ir contigo — dijo Cora a Magua.

— ¡Yo iré también! — Gritó Duncan—. ¡Te ayudaré, Cora!

— ¡Espera! — dijo Hawkeye. Agarro el brazo de Duncan. Hawkeye habló rápidamente y en silencio.

—Los amigos de Magua están esperando en el bosque —dijo—. Ellos te matarán.

— ¡Hurón! —Dijo Uncas—. ¡Te vamos a encontrar! ¡Te vamos a matar!

Pero Magua rió.

— Mohicano — dijo Magua—. Tú no puedes matarme. Soy demasiado fuerte. Quédate aquí con tus hermanos, los delaware. Son débiles. A ellos les gustan sus casas y sus alimentos. No les gusta pelear. No te van a ayudar.

Entonces Magua salió de la casa de reuniones. Cora le siguió.

Uncas habló Tamenund:

— Padre de los delaware— dijo—. ¡Ayúdanos! Tenemos que perseguir a Magua

Tamenund llamó a los jóvenes de la aldea.

— Id con el mohicano— dijo—. ¡Los hurones son ahora nuestros enemigos!

12

El último mohicano

Magua y Cora entraron en el bosque. Caminaron hacia el pueblo de los hurones. Una hora más tarde, Hawkeye, Duncan y Uncas siguieron el rastro de Magua. Doscientos delaware jóvenes iban con los tres amigos. Alice se quedó en la aldea de los delaware.

Hawkeye habló a Uncas:

— Chingachgook y el general Munro están a salvo en el bosque. Uncas, llévate a los delaware contigo. Sigue el rastro de Magua. ¡Ten cuidado! Habrá muchos hurones en el bosque. Nos reuniremos en el pueblo de los hurones. Magua tiene a Cora en la cueva de la colina. ¡Vamos a encontrarla! ¡Vamos a ayudarla! —Y mirando a Duncan dijo: — Ven conmigo.

Hawkeye y Duncan pronto encontraron a Chingachgook y al general Munro. Rápidamente contó al general Munro su historia. A continuación, los cuatro hombres fueron hacia la colina de la cueva.

De repente, oyeron gritos y llantos. Miraron hacia la aldea. Uncas y los delaware luchaban con los hurones en el pueblo. Entonces Magua y algunos hurones corrían hacia la colina. Iban a la cueva. Uncas fue corriendo detrás de ellos. Hawkeye y sus amigos luchaban con los hurones. La lucha fue terrible, pero Magua escapó.

Entonces vieron a Magua nuevo. Él estaba con otro hurón. Estaban frente a la cueva. Los dos indios estaban arrastrando a Cora hacia el interior de la cueva.

— ¡Cora! — gritó Duncan —. ¡Cora!

Uncas corrió hacia las rocas por encima de la cueva. Cora se había detenido frente a la cueva.

Magua sacó su cuchillo y se volvió hacia Cora.

— ¡Mujer! — gritó —. ¿Va a ser la esposa de Magua? ¿O vas a morir?

— ¡Mátame, Magua! — Dijo Cora —. ¡No voy a ir contigo!

De repente se oyó un grito. Uncas estaba de pie sobre las rocas por encima de ellos. Magua miró hacia arriba. El otro hurón se volvió hacia Cora. Él la apuñaló con un cuchillo y la mató.

Magua gritó con enojo. Levantó el cuchillo y mató al hurón. Entonces Uncas saltó sobre Magua. Pero Magua se volvió rápidamente. Él apuñaló a Uncas cuatro veces. El joven mohicano se detuvo un momento. Luego cayó a los pies de Magua, muerto.

Hawkeye vio caer a Uncas. El explorador corrió hacia Magua. Magua corrió por el sendero. Sus enemigos estaban por debajo de él. Magua trepó por las rocas. Luego se volvió y miró hacia abajo.

Hawkeye dejó de correr y levantó su arma larga. Magua saltó hacia una roca alta y Hawkeye disparó. Los dedos de Magua tocaron la roca. Pero la bala del arma de Hawkeye lo mató. Y su cuerpo cayó por entre las rocas.

Un día más tarde, el general Munro, Duncan y Alice estaban de pie junto a las tumbas de Uncas y Cora. Estaban tristes y en silencio. Le dijeron adiós a Hawkeye, Chingachgook y los delaware que se alejaban hacia el bosque.

Chingachgook miró a Hawkeye.

— Toda la gente de mi tribu se han ido ya — dijo—. Yo soy el último.

—No— dijo Hawkeye—. Uncas se ha ido. Pero no estás solo—. Puso su mano en la mano de Chingachgook.

Las lágrimas de los dos amigos cayeron sobre la tumba de Uncas.

En 1758, el general Munro murió. Alice se casó con Duncan Heyward y vivieron juntos y felices.

A partir de ese momento, los delaware contaron a sus hijos la historia de la mujer inglesa y el joven mohicano. Y hablaron también a sus hijos de las palabras de Tamenund, el viejo jefe:

"El tiempo del piel roja ha terminado. Luchamos por nuestra tierra. Pero ahora hay muchos hombres blancos, tantos como las hojas de los árboles. He vivido demasiado tiempo. He visto al último de los mohicanos".

- FIN -

Made in the USA
Lexington, KY
01 May 2018